Yasmin Mai-Schoger

Die Achalm

Gedichte und Geschichten rund um die Achalm

....die Achalm, wer kennt sie nicht?
Der Ausblick schön und weit die Sicht!
Yasmin Mai-Schoger

Yasmin Mai-Schoger

Die Achalm

Gedichte und Geschichten rund um die Achalm

Bibliografische Information der Deutschen Nationalbibliothek:
Die Deutsche Nationalbibliothek verzeichnet diese Publikation in
der Deutschen Nationalbibliografie; detaillierte bibliografische
Daten sind im Internet über http://dnb.dnb.de abrufbar.

© 2019 Mai-Schoger, Yasmin
Herstellung und Verlag: BoD – Books on Demand, Norderstedt
ISBN: 978-3-7494-6851-5

1. Auflage 2019

Die Achalm

Bilder/Grafiken: Yasmin Mai-Schoger / Coverbild: Helga Mai

INHALTSVERZEICHNIS

DIE ACHALM, WER KENNT SIE NICHT?

Die Achalm, wer kennt sie nicht?
Der Ausblick schön und weit die Sicht!

In den späten Abendstunden
wird als reizvoll es empfunden,
dort zu wandern, zu flanieren,
oder einfach zu spazieren.

Manchmal bleibt man ganz kurz steh'n-
einfach nur um weit zu seh'n.
Und wenn es dunkelt in der Nacht,
erscheint die Stadt in ihrer Pracht.

Die Lichter scheinen, leuchten, funkeln-
es glitzert so schön, dort unten im Dunkeln.
Und die Stille - einfach herrlich,
wundervoll und unerklärlich.

Ein Ort zum Wandern, zum Flanieren
oder einfach zum Spazieren!

AUF DER ACHALM DONNERGROLLEN

Auf der Achalm Donnergrollen,
Himmel dunkel, Wolken schwarz,
zu großen Haufen angeschwollen,
imposanter Wolkenquarz.
Gewaltige Stille, so eindrucksvoll,
nur das Donnern über dem Tal,
als der Himmel überquoll,
der Regenguss die Sonne stahl.

Dann ein lauter, dröhnender Knall,
ein Lichtblitz entzweit das grausige Grau,
schneller als der schnellste Schall,
gigantisch, formschön, zielgenau.
Lichterspiel am Firmament,
Blitze im Sekundentakt,
welch' verblüffender Moment,
welch' ein schöpferischer Akt.

Untergangsstimmung im Dämmerlicht,
keine Seele weit und breit,
ein Ende ist noch nicht in Sicht,
nur Finsternis und Dunkelheit.
Und die Achalm, still, gelassen,
wartet auf den letzten Schlag,
trotzt den vielen Wassermassen,
harrt sie aus, bleibt stets autark.

DIE ACHALM REIZVOLL UND CHARMANT

Die Achalm
reizvoll und charmant -
liebevoll „Der Hausberg" genannt.

Und der Gipfel wohlgeformt,
einzigartig, nicht genormt.
Wie ein kleiner spitzer Kegel
thront der Berg im Morgennebel.

„Der letzte Zeuge" seiner Zeit,
seit langer, langer Ewigkeit.
Still steht er da in seiner Pracht,
von jeher wohl so angedacht.

Zu Zeiten schon, als wir nicht waren,
stand er still seit vielen Jahren -
Unvergänglich, immerwährend,
unverwüstlich, unverjährend.

Denn er bleibt, wenn wir gegangen,
diese Ehr' wie nie erlangen.

AM HIMBEERSTRAUCH

Am Himbeerstrauch der Schmetterling
er flatterte und flog,
mit seinem samtig-weißen Ring,
er schnell die Flügel hob.
Von Blatt zu Blatt er freudig schwang,
er kostete die Pollen,
er schwirrte gern am Achalm-Hang,
dort bei den Distel-Knollen.
Ganz fröhlich war er
und entspannt,
bis ich ihm wohl zu nahe stand.
Ich sah nur noch die hellen Flecken,
dann flog er zu den Brombeer-Hecken.
Er flatterte, schwebte, schwirrte und flog,
es ihn stetig weiterzog.
Flatterhaft und niemals still,
weil es der Schmetterling so will.
Erst wenn es später dunkel wird,
der Sommervogel nicht mehr schwirrt.
Bis dahin zieht es ihn stets fort,
mal nach hier und mal nach dort.
Doch der Achalm treu ergeben,
täglich sieht man ihn hier schweben,
über seiner Himbeerhecke,
in der kleinen, grünen Ecke.

MANCHMAL WENN ICH TRAURIG BIN

Manchmal
wenn ich traurig bin,
kommt mir die Achalm in den Sinn.

Dann denk' ich an das grüne Gras,
in dem ich eins, zwei, dreimal saß.
Ich seh' die Wolken, seh' die Fichten,
fang' an zu schreiben und zu dichten.

Dann vergesse ich was war,
bin nicht hier, ich bin dann da.
Dort, wo ich so gerne bin,
vieles kommt mir in den Sinn.

Die Bank, auf der ich mal pausierte,
der Weg, den ich einst lang spazierte.
Die Burg, die ich so gern beehrte,
der Hang, der mir den Gang erschwerte.

Der Baum, der dort am Wege stand,
das Schaf, das auf der Weide gerannt.
Das alles kommt mir in den Sinn,
wenn ich dann mal traurig bin.

Und dann vergesse ich was war,
weil ich so liebe, was ich sah.

ES WAR NOCH MITTEN IN DER NACHT

Es ist noch „mitten in der Nacht",
was habe ich mir dabei gedacht?
Musste das denn wirklich sein?
Noch jung und zart der Sonnenschein.

Meine Haare noch zerzaust,
so bin ich die Achalm hochgesaust.
Kein Mensch ist hier, kein Mensch ist oben,
was hat mich nur hier raufgezogen?

Meine Augen kraftlos und schwer,
ich bin noch müde und zwar sehr!
Was hat mich bloß hier hoch getrieben?
Noch halb in der Nacht, morgens um 7.

Ich dreh' mich um, will wieder geh'n,
und dann, dann bleib ich trotzdem steh'n!
Die Sonne durch die Wolken bricht,
kein Wölkchen nimmt mir mehr die Sicht.

Jetzt weiß ich was mich angetrieben,
ich seh', warum ich hochgestiegen.
Mein Blick, er wandert hin und her,
mein Blick geht kreuz und danach quer.

Wie wunderschön es hier doch ist,
ein Anblick den du nie vergisst.

Aus dem Märchen „Der Hirte und die Schafstrauben"
aus dem Buch „Der Hausberg".

KENNST DU DEN BERGGEIST?

Kennst du den Berggeist der hier ruht?
Ich kenn ihn lang, ich kenn ihn gut.

Von all' seinen Freunden „Malcha" genannt,
ist er der Achalm wohlbekannt.
Er traf eine Maid, die war sehr beliebt,
sie hatte sich wohl in den Hirten verliebt.

Der Vater gab sein Ja-Wort nicht,
die Maid, die musste weinen,
er nahm den Hirten in die Pflicht,
er wollt' sie nicht vereinen.

Er schickt den Hirten weit weit fort,
er soll ein Rätsel lösen,
der Hirte ging sogleich zum Ort,
ein Orte wohl der Bösen.

Ein Hirsch, ein Wolf, ein Luchs, ein Bär,
ein Dachs, ein wildes Schwein,
die machten ihm das Leben schwer,
das war schon recht gemein.

Und ein Milan mit großen Flügeln,
schwebte über den waldigen Hügeln.
Doch Malcha hatte vorgesorgt
der Hirte hatte Stein und Wort.

Und auch die Schafe hatten Glück,
es kamen alle wieder zurück.
Niemand krümmte ihnen ein Haar.
Und auch die Trauben unversehrt,
und neue Freunde gab's sogar,
all das hatte Malcha wohl beschert.

Der Vater war nicht mehr dagegen
und gab endlich den gewünschten Segen.

Ende gut, alles Gut,
und Malcha auf der Achalm ruht.

WENN ICH AN UNS'RE ACHALM DENKE

Wenn *ich*
an uns're Achalm denke,
den Gedanken Freiheit schenke,
werden freundlich sie berichten,
von tollen Momenten, von schönen Geschichten.
Der Wind trägt meine Worte fort,
vom schönsten Platz, vom schönsten Ort.
Dich hab' ich gesucht, dich hab' ich gefunden,
hier verweile ich oft Stunden.
Dort oben fühle ich mich frei,
zu Ende ist die Sucherei.

AUF DER WIESE KINDERLACHEN

Auf der Wiese Kinderlachen,
quietschvergnügt und voller Glück,
und es fliegt ein kleiner Drachen,
mal nach vorn und mal zurück.

Die Kinder laufen, springen,
dort am steilen grünen Hang –
und sie rennen und sie singen,
dieses Lied, was ich schon sang.

Ja, es ist hier wirklich herrlich,
unter all den schönen Bäumen.
Und ich sage es ganz ehrlich:
Dieser Platz lädt ein zum Träumen.

Der kleine Drachen fliegt dort oben,
schaut hinab ins schöne Tal
und die Kinder unten toben,
dort im warmen Sonnenstrahl.

Fröhlich sitz' ich bei den Eichen,
schau den Kindern freudig zu-
lass' die Zeit einfach verstreichen
und genieße meine Ruh'.

Wer vorbei geht hört mich singen,
denn ich summ' so vor mich hin,
lass das Achalmlied erklingen,
danach steht mir grad der Sinn.

Denn das Lied singt von den Bäumen,
welche herrlich, ruhig und nah' -
dieser Ort zum Rasten, Träumen-
zum Verweilen ja sogar.

So beschreite ich die Wiese,
die so grün und saftig ist,
denn es ist schon nachgewiesen,
dass man alles hier vergisst!

Und der Drache fliegt noch weiter,
hoch hinaus, weit übers Tal,
frohe Kinder sein Begleiter,
dort im warmen Sonnenstrahl.

SIEH NUR, WIE HERRLICH - ACHALMLIED

nach dem Gedicht „Sieh nur, wie herrlich"

"Sieh nur, wie herrlich - die Achalm"

Text/Melodie: Yasmin Mai-Schoger 2019

2. So saftig die Wiesen, die Eichen und Fichten,
   ein Plätzchen zum Rasten, wohl auch zum Dichten.
3. Wer einmal Zeit hat, soll sie erkunden, erwandern,
   beschreiten oder umrunden.

Vom Gipfel der Achalm und wieder zurück, lauf nur lauf
und finde dein Glück, lauf nur, lauf und finde dein Glück.

SCHNEEBEDECKT DER SPITZE KEGEL

Schneebedeckt der spitze Kegel,
still und friedvoll liegt er da,
besänftigt durch den Winternebel,
noch macht sich die Sonne rar.
Winterweiß die grünen Wipfel,
die schönste Zeit im ganzen Jahr,
klirrende Kälte am eiskalten Gipfel,
so schön, wo weiß, so still, so klar.

WER LIEBT DICH NICHT

„Wer liebt dich nicht?"
du Berg der Schwaben,
jeder liebt dich, der dich sah.
Wir sind froh, dass wir dich haben,
du bist einfach wunderbar.
Dem ist nichts hinzuzufügen,
mehr der Worte braucht es nicht,
alles andre wären Lügen,
denn der Wahrheit es entspricht.

DER MOND SCHWEIGT STILL

Der Mond schweigt still, die Sterne funkeln-
ich sitz' auf der Achalm,
ich sitze im Dunkeln.

Es fliegt ein schnuppiger Stern vorbei,
dort im Dunkeln, im Monat Mai.

Mein Wunsch ist klein, ich wünsch mir schnell,
so lang der Stern noch fliegt, so lang er hell.

Ich will dort bleiben, wo ich bin,
es zieht mich nirgends anders hin.

Und der Stern zieht langsam weiter
mit seinem Schweif als stillem Begleiter.

Nur ich, ich bleibe ewig dort-
will bleiben hier an diesem Ort.

Will bleiben, wo ich grade sitze,
auf des Berges schönen Spitze.

AUF DER GRÜNEN ACHALM-WEIDE

Auf der grünen Achalm-Weide,
inmitten der Wacholder-Heide,
läuft ein Käfer, silbrig-braun.
Ach, wie sehr ich ihn beneide,
denn man sieht den Käfer kaum.

Und so kann er lang dort sitzen,
auf der Wiese dort im Mai,
und nur seine Flügel blitzen,
denn die hat er stets dabei.

Freudig spreizt er seine Flügel,
fliegt so hoch, wie er nur kann,
und dann fliegt er um den Hügel,
hoch zur Fichte, da am Hang.

Und dort bleibt er einfach sitzen,
fühlt sich ungetrübt und frei,
bleibt dort oben in den Spitzen,
denn es ist ja schließlich Mai.

Irgendwann fliegt er dann weiter,
fliegt so weit er eben kann,
ist stets fröhlich und auch heiter,
dort am steilen Achalm-Hang.

WER HAT DIE BURG AUF DER ACHALM ...?

Wer hat die Burg auf der Achalm gebaut?
Wer hat schon damals daran geglaubt,
dass das ein schönes Fleckchen sei,
wer fühlte sich dort oben frei?

Frei und geborgen in den Höh'n,
wer fand den Berg schon damals schön?
Das war bestimmt ein kluger Mann,
ging damals dort am Hang entlang
und dachte dann wie schön sie wär,
so dachte er, der feine Herr.

So baute er die Burg ganz oben,
und ist dann ganz schnell eingezogen.
Dort thronte er, der feine Mann,
am hohen Berg, am steilen Hang.
Doch davon ist nicht viel geblieben,
nur Mauerreste dort noch liegen.

Doch diese zieh'n uns magisch an,
weil damals alles dort begann.
Und auch die Aussicht ist geblieben,
und sie ist es, die wir so lieben.

AM FRÜHEN MORGEN

Am frühen Morgen, noch fast in der Nacht,
zuerst die Amsel auf der Achalm erwacht.

Sie zwitschert, sie pfeift, sie piepst und singt,
ach, wie schön das hier oben klingt.

Ganz langsam setzen die anderen ein,
nun singt die Amsel nicht mehr allein.

Die Drossel singt, es klopft der Specht,
der Bussard trifft den Ton eher schlecht.

Der Zilpzalp jodelt froh und munter,
der Buchfink geht im Echo unter.

Die Krähe kräht auch nicht sehr leise,
allen voran, die trällernde Meise.

DER REGEN SPIELT HEUT' IN C-DUR

Der Regen spielt heut' in C-Dur,
es spielt das Orchester der großen Natur.

Hier oben kann ich es gut hören,
die Klänge meine Sinne betören.

Der Wind, ein stetiges Rascheln und Rauschen,
die Tiere sitzen im Dickicht und lauschen.
Die Fichten wiegen sich im Takt,
es tost und wispert und braust und knackt.

Es plätschert, es rumpelt, es donnert und gießt.
Es rinnt, es prasselt, es tröpfelt und fließt.
Und ab und zu ein Blitz erscheint,
C-Dur, G-Moll, alles vereint.

Das Orchester heute ist komplett,
ich lausche grad dem Achalm-Quintett.
Der Dirigent ist still, erhaben,
er spielt für uns in den höheren Lagen.

Das große Finale, ein Donnerknall,
begleitet vom regnenden Wasserfall.
Es endet das Werk mit Stille und Schweigen,
hier endet es, das musikalische Treiben.

IM WINTER DIE ACHALM

Im Winter die Achalm erscheint wie gemalt,
der Gipfel im weiß-warmen Licht erstrahlt.

Von weichen samtigen Flocken umgeben,
auf all seinen Pfaden, auf all seinen Wegen.

Die Fichten hell, die Arme hängen,
der Winter hat sie in ihren Fängen.

Der Berg liegt still in ganzer Pracht,
sogar in einer Winternacht.

Schöne, große weiße Flocken,
bleiben auf den Fichten hocken.

Wie verzaubert die Achalm sich zeigt,
im stillen Weiß liegt sie und schweigt.

Anmutig, reizvoll und sehr charmant,
sie hinter dicken Flocken verschwand.

DISTELN ROSA, DISTELN BLAU

Disteln rosa, Disteln blau,
überall Disteln, wohin ich auch schau!
Und auf jeder kleinen Dolde,
der Königin ihr treues Gefolge.

Auf der Achalm stetiges Summen,
kaum einmal Stillstand, kaum ein Verstummen.
Alles was hier kreucht und fleucht,
wird nur vom Schafe aufgescheucht.
Und das Schaf grast friedlich weiter,
beachtet nicht den kleinen Begleiter.

GRAST EIN KLEINES WEIßES SCHAF

Grast ein kleines weißes Schaf-
auf der Achalm ich es traf.
Ganz gemütlich stand es dort,
dort an diesem schönen Ort.
Das Schaf, das stand am Hang der Heide,
auf der grünen Achalm-Weide.

Ganz alleine es dort stand,
als ich es am Morgen fand.
Und es graste, aß und fraß,
fast die anderen vergaß.

Denn wie sollt' es anders sein,
das Schaf war gar nicht ganz allein.
Hundert Schafe kamen gerannt,
alle mit dem Schaf verwandt.
Und sie grasten auf der Weide,
dort auf der schönen Achalm-Heide.

NUR HIER OBEN KANN ICH ATMEN

Nur hier oben

kann ich atmen,

atme tief und atme frei.

Alles hinter mir gelassen,

was auch immer das wohl sei.

Und der Ausblick lässt mich

schweigen,

ruhen,

innehalten

pausieren,

sinnieren,

runterschalten.

Der Berg
er schimmert im rotwarmen Licht,
die Sonne sich im Gipfel bricht.
Sie schickt die letzten hellen Strahlen,
ein Bild zum Sinnieren, ein Bild zum Malen.
Goldgelb der Berg in Licht getaucht,
ein bisschen Romantik eingehaucht.
Und die Fichten wiegen leise,
dort im Wind mal hin, mal her,
auf ihre eigne Art und Weise,
ja, hier schwingt der Achalm-flair.
Grün umrahmt von Gras und Wiese,
liegt er dort der kleine Riese.

DER ERSTE KUSS

Der erste Kuss
am steilen Hang,
mein Herz es stolperte und sprang.

An dieser wunderschönen Wiese
in einer sommerwarmen Brise.
Und wer hätte es gedacht,
ich hab' getanzt, ich hab' gelacht.
Ganz unbeschwert und ganz im Glück,
ich denke gern daran zurück.

Und wenn ich an der Wiese stehe,
heute noch mein Glück da sehe.
Die Wiese gibt es immer noch -
wo es so schön nach Sommer roch.
Wo ich den ersten Kuss bekommen,
den Ruf der Freiheit hab vernommen.

Und auch die Schafe
weiden dort,
nur der Schäfer ist schon fort.

ALLE WEGE FÜHR'N NACH ROM

Alle Wege führ'n nach Rom,
doch da waren alle schon-
nur die Achalm kennt man nicht,
weil kaum einer drüber spricht.
Geht nur alle weiter fort,
lasst mir diesen schönen Ort!
Kann ich sie allein genießen
und dort meinen Frieden schließen!

DER BURGWEG HAT'S MIR ANGETAN

Der Burgweg hat's mir angetan,
mit seinen kleinen Stufen,
ich frag mich, ob der Kastellan,
hier ritt mit Pferd und Hufen.
Er sah wohl kaum zum Wegesrand,
sah nicht die Pracht der Steige,
stets fest die Zügel in der Hand,
den Kopf niemals zu neige.

Kein Blick fiel auf den Schönen Weg,
die Zeit ließ es nicht zu,
er galoppierte auf dem Steg,
genießen war tabu.
Verpasst hat er
wie wunderbar,
wie schön es dort am Hang,
er kaum die schöne Achalm sah',
er ritt dort einfach lang!

Ach blieb er doch ganz kurz nur steh'n,
dort unten gleich am Wegesrand,
dann hätte er vielleicht geseh'n,
was sich vor seinem Fuß befand.
Schnurstracks ritt er einfach weiter,
der Kastellan, der blinde Reiter.

NUR EINES NOCH UND DANN ADE'

Nur eines noch und dann Ade´,
du treuer Freund und mein Gesell'-
ein letztes Mal ich rückwärts seh',
du standst für mich so oft Modell.

Du ziertest meine Malerei,
warst stets mein heimlicher Begleiter,
doch nun ist uns're Zeit vorbei,
ich zieh jetzt wieder weiter.
Ich denke gern an dich zurück,
an all' die Worte, Zeilen, Lieder,
in dir fand ich mein großes Glück,
ich komme sicher wieder.

Doch nun, da muss ich weitergeh'n,
das letzte Wort, das geht an dich -
wir werden uns schon wiederseh'n,
wenn etwas Zeit verstrich.
Denn ohne dich
kann ich nicht sein,
du bist mir einfach nah'-
ich lasse dich nicht lang' allein,
ich wär' ja sonst ein Narr.

Ein Bild von dir, das nehm' ich mit,
egal wohin ich geh'
bei jedem Tritt, bei jedem Schritt,
tut mir der Abschied weh.

Gedichte und Geschichten von der Schwäbischen Alb

Yasmin Mai-Schoger

EIN STEIN VOR MEINEN FÜßEN LAG

Ein Stein vor meinen Füßen lag,
so unscheinbar und grau,
warum ich ihn nach Hause trag',
ich weiß es nicht genau.

Ganz vorsichtig und ohne Hast,
nehm' ich ihn in die Hand
ich zerbrach ihn ja schon fast,
ein Stückchen fehlt vom Rand.

Ich drehe und ich wende ihn,
gespannt schau ich ihn an,
er mir zuzurufen schien,
ich höre seinen Klang.

Ich brech' ein Stück von oben ab,
und staune plötzlich sehr,
was die Natur versteckt dort hat,
das schwamm einmal im Meer.

Versteinert nun das kleine Tier,
wahrscheinlich sehr, sehr alt,
es gibt noch mehr im Ländle hier,
hier auf den Schwäb'schen Alb.

Ein Puzzle aus der alten Zeit
dort wohl begraben ist,
die Alb hält noch viel mehr bereit,
damit man nicht vergisst.

Ein Schatz in jedem Steinchen wohnt,
geht achtsam durch das Land-
ein ganz genauer Blick sich lohnt,
bedenke was ich fand'.

Ein kleines Stück Vergangenheit,
ganz stolz liegt sie vor mir
ich fühle sie, die alte Zeit
in diesem kleinen Tier.

Und wenn ich durch die Wälder geh',
mein Blick der wandert mit,
ganz genau ich nun hinseh',
bei jedem Schritt und Tritt.

MIT GESCHLOSSENEN AUGEN

Mit geschlossenen Augen durchs Ländle geh'n,
man muss nur hören,
braucht nicht mal zu seh'n.
Ein buntes Zwitschern dringt an mein Ohr,
der Klang kommt mir so lieblich vor.
Wiesen, Felder und im Wald,
ihr Gesang zum Himmel schallt.
Amsel, Eichelhäher und Meise
zieh'n im Ländle ihre Kreise.
Auch der Rest der Vogelschar
ich im Wald der Alb schon sah-
singen stets ein kleines Lied,
ein Reiher seine Bahnen zieht
und hier und da klopft es am Stamm,
den Buntspecht man weit hören kann.
Selbst der Sperling, dieser Spatz,
findet auf der Alb ein Platz.
Ein kleines Vogelparadies,
drum auch der Storch sich niederließ.
Selbst der Bussard fliegt hier wieder
und der Fink singt seine Lieder-
Ach, ich gern ein Vogel wär'
und flög im Ländle hin und her.
Von Baum zu Baum, von Wald zu Wald
würde ich fliegen auf der Schwäbischen Alb.

ÜBERWÄLTIGT VON DER AUSSICHT

Überwältigt von der Aussicht,
steh' ich hier und staune nur,
Schauspiel dort im tiefsten Dickicht,
märchenhaft ist die Natur!
Rinnsal oftmals vorgefunden,
wenn die Sonne schien zu lang,
Wasser war schon fast verschwunden,
fehlt der wunderschöne Klang!
Doch nach langem starken Regen,
kannst du auf der Brücke steh'n,
feiner Nebel schlägt entgegen,
diesen Anblick musst du seh'n!
Schaust vom Bänkle auf den Tuffstein,
malerisch und wunderschön.
Herrlich auch bei hellem Mondschein,
fällt das Wasser aus den Höh'n!
Geh die Stufen nur nach oben,
Anblick lohnt sich, Eindruck bleibt.
Kann die Landschaft hier nur loben,
hin und weg, wer es beschreibt!

Wenn der Sommer ist vorüber,
stellt sich ganz schnell Stille ein,
fegt die Kälte oben drüber,
ist man oftmals ganz allein!
Zapfen wachsen von den Stufen,
faszinierend, eingeeist,

solche Bilder Engel schufen,
denke, du nichts Schön'res weißt!
Frost-Idyll, zum Greifen nah,
bläulich, spitz, gefroren, klar.
Riesengroße, weiße Stangen
ragen aus dem Stein heraus,
bin vor Staunen hier gefangen,
wunderschön, ein Augenschmaus!
Der Atem stockt vor soviel Schönheit,
Sonne spiegelt sich im Schnee,
fühle hier komplette Freiheit,
glücklich ich nach Hause geh!
Eis-Pracht ist in mir gespeichert,
diesen Zauber nie vergess'-
dieses Bild hat mich bereichert,
alles And're an ihm mess'!

EIN BIENCHEN EINST IM ERMSTAL SUMMTE

Ein Bienchen einst im Ermstal summte,
dort im Wald dann fast verstummte,
der Wasserfall den Atem raubt,
ein kleines Päuschen sich erlaubt!
Begeistert von der schönen Sicht,
kann sie weiterfliegen nicht!
Zum Glück kennt sie die Königin
und fliegt mit ihr zum Brühlbach hin,
oben an der Tuffsteinkante,
von nun an ihr zu Hause nannte.
Von dort aus sammeln sie die Pollen,
das Volk vom Stock hört laut das Grollen,
sie fliegen bis zum Maisental,
und nehmen dort ihr kleines Mahl-
von oben schauen sie herunter,
stets vergnügt geht's rauf und runter!
Zum Runden Berg sie manchmal fliegen,
weil sie den Nektar von dort lieben.
Hör nur das Summen dort im Baum,
es brummt ganz leis', man hört es kaum.
Siehst Du ein Bienchen hier im Wald,
mach ein Päuschen, mache Halt –
genieß' die Aussicht, halte inne,
mal dem Alltag hier entrinne!
Mach es wie die Königin,
„fliege" doch zum Ermstal hin ☺

LEITE MICH DU SCHAR VON WORTEN

Leite mich, du Schar von Worten,
der Weg gespickt mit Phantasie,
in den Köpfen sie rumorten,
heraus kam eine Melodie –
Mörike, Becher, Kerner und Schwab,
alle zu finden auf diesem Pfad!
Vier Kilometer voll Poesie,
der Stadt man hier einen „Orden verlieh".
Die Dichter hier ihre Gedanken beschreiben,
zum Glück sie hier auf ewig bleiben.
Gedanken der Vergangenheit,
Poesie macht sich hier breit.
Gedanken, Worte und auch Zeilen,
laden ein zum kurz' Verweilen.
Leise geh ich durch den Wald
und die Worte flüstern bald.
Sie flüstern und wispern,
sie kreisen und knistern.
Bei jedem Schritt, bei jedem Tritt
schwingen hier Gedanken mit.
Die Worte wollen mich bewegen,
überall sie hier rumschweben.
Sie treffen und berühren mich,
eines in mein Herz sich schlich.
Sie malen mir das Bild der Stadt,
welches der Dichter gesehen hat.
Wer diese Worte hat vernommen,
ist auf dem schönsten Weg gekommen-

der Weg, gespickt mit Phantasie,
etwas Schöneres sah ich nie.
Worte weisen mir den Weg,
ich mein Herz zu Boden leg.
Es soll hier liegen bis ich geh,
große Namen ich hier seh.
In deren Spuren will ich denken,
meine Worte soll'n sie lenken.
Sie beschreiben was ich sah,
diese Stadt, so wunderbar!
Was sie gesehen, ich jetzt seh',
in Gedanken ich nun geh'.
Doch die Bilder merk' ich mir,
lasse nur die Worte hier-
der nächste soll hier auch noch gehen,
und die vielen Worte sehen.
Ich seh' die Stadt mit ihren Augen,
sie den Atem mir grad rauben.
Hier, ja hier, die Worte mich leiten,
die Worte des Weges mir Freude bereiten.

„Die Schwälbler"

Ulm und der Ausflug auf die Schwäbische Alb

Eine Geschichte von der Schwäbischen Alb

von Yasmin Mai-Schoger

ULM UND DER AUSFLUG AUF DIE SCHWÄBISCHE ALB

...aus der Reihe „Die Schwälbler"

Es gibt sie noch, wenn auch nur ganz wenige. Aber ich habe sie gesehen, mit meinen eigenen Augen! Ich kannte die alten Geschichten über die *Schwälbler,* schon meine Großmutter hatte mir von ihnen erzählt. Doch noch nie hatte ich einen aus der Nähe gesehen und ich dachte, dass sie nur eine Erfindung meiner Großmutter seien, die ja gern Geschichten erfand, damit sie uns Kinder ins Land der Träume schicken konnte. Am liebsten erzählte sie Geschichten über die *Schwälbler* oder die *Harznoks*. Ein ganz besonders schönes und zierliches Exemplar der Schwälbler saß nun auf einem kleinen Steinchen vor mir und schaute traurig hinunter ins Tal. Ganz zufällig hatte ich es gesehen, als ich den Pfad zur Achalm hinauf wanderte um meinen Freunden den wunderschönen Blick ins Tal zu zeigen. Meine Freunde waren im Gespräch vertieft und so sahen sie die wunderbaren Kleinigkeiten, die am Wegesrand zu sehen waren nicht. Achtlos gingen sie vorüber an den wunderschönen Buschwindröschen die in der Sonne ihre weißen Fächerblüten ausstreckten oder an den gewöhnlichen Katzenpfötchen, die mit ihren langen Stängeln immer weiter in den Himmel hinein zu wachsen versuchten. Auch die herrlich duftenden Veilchen beeindruckten sie nicht, sie gingen weiter und weiter und weiter....

Natürlich sahen sie auch den kleinen *Schwälbler* auf dem großen runden Stein nicht. Ganz langsam und vorsichtig trat ich an ihn heran. Scheinbar hatte er mich nicht gehört, denn auch als ich näher kam, flog er nicht davon. Er seufzte, stand langsam auf, nahm die kleine gelbe Blume in die Hand und pustete den Blütenstaub in den Wind. „Was machst du da", fragte ich den kleinen putzigen Kerl so leise wie ich nur konnte, damit dieser sich nicht erschreckte. Das anmutige Wesen, welches einer kleinen Fee und gleichzeitig einer wunderschönen Elfe und einem geschmeidigen Schmetterling ähnelte, schaute mich mit seinen großen grünen Augen an und fragte ungläubig ob ich ihn sehen könne. Ich lachte, kniete mich zu dem freundlich wirkenden *Schwälbler* hinab und ließ ihn auf meine Hand krabbeln. Da stand er nun mit seinem winzigen Eimerchen aus einer Walnuss-Schale in der Hand und ich konnte ihn ganz aus der Nähe betrachten. Auf dem Kopf trug er eine blaue Glockenblume, sein Kleid schien aus den zarten Blüten von Buschwindröschen geschneidert zu sein und auf dem Rücken hatte er feine, fast durchsichtige Flügel. Seine Schuhe, die eher aussahen wie Gummistiefel, waren grasgrün und waren aus Blättern der Küchenschelle - darin steckten seine kleinen zarten grünen Beinchen. Die Ohren waren leicht spitz und lugten unter der Glockenblume schelmisch hervor. Kaum größer als ein Daumen stand er auf meiner Hand und lächelte mich verschmitzt an.

„Ich bin Ulm und stamme aus der Familie der *Schwälbler*." Seine Stimme war ungewöhnlich klar und ich meinte in ihrem Klang einen Nachhall einer Grille zu hören. „Und wer bist du?", fragte der kleine *Schwälbler* unverfroren. „Ich heiße Caya und ich habe eure Geschichten als junges Mädchen von meiner Großmutter erzählt bekommen."

Bereitwillig schilderte Ulm, dass sich seit dem vieles geändert hatte. Ulm berichtete von den wenigen *Schwälblern,* die es nur noch in den Wäldern der Schwäbischen Alb zu finden gab. Ein paar gab es in der Nähe der verlassenen Burgruinen der Achalm, ein paar entfernte Verwandte bei den Uracher Wasserfällen, eine Familie hatte sich in der Nähe der Bärenhöhle niedergelassen und ein Bruder der Cousine mütterlicherseits wohnte am Mädlesfels - ah, fast hätte er vergessen, dass es auch in Sondelfingen, in der Nähe des Mammutbaumes eine Cousine dritten Grades gab. Naja und natürlich ein paar vereinzelte am Hundsrücken. Doch die meisten gab es wohl in und um Reutlingen.

„Stimmt es, dass ihr euch bei Regen unter die Hüte der hier wachsenden Pilze stellt?", wollte Caya sogleich wissen. Ulm lachte und nickte. „Und ihr trinkt tatsächlich aus den kelchartigen Blättern des Frauenmantels?", hakte sie nach. „Der Morgentau sammelt sich in den gelappten, kelchartigen Blättern und den trinken wir dann!", schmunzelte der erzählfreudige *Schwälbler*.

Und wir kochen Pudding aus Buschwindröschen, backen Kuchen aus den Blüten der Katzenpfötchen und essen Eis aus Veilchenblättern! Alles typische Pflanzen auf der Schwäbischen Alb!"

„Und was machst du hier so ganz alleine?", fragte Ulm. „Ich wollte meinen Freunden die idyllische Landschaft zeigen, aber die haben für die Schönheit der Natur kein Auge und sind ohne mich weitergegangen", antwortete Caya ein bisschen traurig und schob die Frage, was er denn hier so allein machen würde, gleich nach. „Nun ja, die *Schwälbler* helfen den Bienen die idyllische Landschaft mit ihrer einzigartigen Tier- und Blumenvielfalt zu erhalten". Ulm erklärt weiter, dass sie zusammen mit den ganzen Käfern, Ameisen, Vögeln und Bienen dafür sorgen, dass es überall weiterhin so schön grünt und blüht und es die Tiere und Pflanzen weiterhin auf der Schwäbischen Alb gibt, da die Bienenvölker immer kleiner werden. Und die *Schwälbler* sind dafür verantwortlich, dass alles funktioniert. So tragen sie beispielsweise die Blumensamen an die Stellen, wo die Menschen mit ihren Füßen die Wege ausgetreten haben. Und sie schicken die kleinen Käferchen in die Wälder, wenn die Bäume und Sträucher nach einem Sturm umgefallen sind und nun unnütz im Wege liegen.

Seine Freunde Fienle und Jockel sind zusammen mit Ulm rund um den Hausberg der Stadt zuständig und verbreiten gerade Blütenstaub – gestern hatten sie hundert Apfelbäume bestäubt, und das war nur ein Bruchteil von den Bäumen die noch bestäubt werden müssen, denn auf der Schwäbischen Alb gibt es Unmengen von Obstbäumen, überall stehen Apfel- und Kirschbäume inmitten von prachtvollen Wiesen. Fasziniert hörte Caya den Erzählungen von Ulm zu.

„Aber am allerliebsten fliege ich mit der Bienenkönigin zusammen im Ermstal umher, denn dort gibt es unzählige Süßkirsch- und Walnussbäume und zum Schluss geht es immer zu den Uracher Wasserfällen, dort wohnt die Bienenkönigin. Einfach herrlich!", schwärmte Ulm. „Oh, da war ich schon so lange nicht mehr", seufzte Caya.

Das letzte Mal war sie im Winter dort gewesen und der Anblick der gefrorenen Wasserfälle war so märchenhaft, dass sie sogar ein Gedicht darüber geschrieben hatte. Sie war damals ganz überwältigt von der Aussicht. Riesengroße eingeeiste Eiszapfen wuchsen von den einzelnen Stufen und ließen den Wasserfall märchenhaft und malerisch erscheinen.

„Wenn du willst kannst du ja mitkommen", scherzte Ulm. Doch als Ulm sah, dass Caya vollauf begeistert von der Idee war, planten sie tatsächlich einen Ausflug zusammen dorthin. Bereits am nächsten Tag sollte die Reise losgehen. Sie trafen sich direkt am Fuße des Wasserfalls. Das laute Grollen des Wassers war schon von Weitem zu hören und begeistert stiegen sie den Pfad nach oben zur Tuffsteinkante. Ulm flatterte aufgeregt um Caya herum und zeigte ihr jedes noch so kleine Buschwindröschen, Moospflänzchen oder Wurzelgewächs vor ihren Füßen. An jeder Kaskade blieben sie stehen und schauten auf den Wasserfall. Und jedes Mal sagte Caya „Welch' herrliches Naturschauspiel". Oben angekommen blickten sie hinunter und waren überglücklich. Natürlich erzählte Ulm auch ein paar der alten Geschichten der *Schwälbler*, denn sie hatte in Caya nicht nur einen begeisterten Naturliebhaber gefunden, sondern auch einen guten Zuhörer. Zu hören war auch das Summen einiger Bienen, die dem Bienenstock der befreundeten Bienenkönigin angehörten. Nachdem die zwei Freunde sich ein wenig ausgeruht hatten, liefen sie gemeinsam wieder hinunter. Und schon auf dem halben Weg hatte Ulm eine tolle Idee. „Morgen muss ich zum Lemberg, es gibt dort ein Treffen der *Schwälbler*, wenn du willst, komm' doch einfach mit". Natürlich war Caya sofort begeistert und so verabredeten sie sich auch für den nächsten Tag.

So trafen trafen sich Caya und Ulm gleich nach dem Aufstehen direkt am Aussichtsturm des Lemberges. Ulm war heute ganz in weiß - er hatte ein kleines Maiglöckchen auf dem Kopf und auch sein Umhang war aus den Blüten eines Maiglöckchens geschneidert. Man sah gleich, dass es heute ein besonderes Treffen sein musste. Fast hatte Caya ihn in den zauberhaften Nebelschwaden übersehen. Der Schleier lag in den Wiesen und Tälern und zog nur langsam hinauf. Dicke Wolken umrahmten das malerische Bild rund um den Lemberg. Ulm traf sich an einer riesigen Fichte mit seinen Verwandten und Bekannten, Caya ging den Aussichtsturm hinauf und wollte dort auf ihn warten. Schon der Wanderweg hierher hatte ihr sehr viel Spaß bereitet. Caya war ein gutes Stündchen durch den Wald gewandert und hatte begeistert die gute und klare Luft eingeatmet. Auf dem Aussichtsturm angekommen, staunte Caya nicht schlecht, denn von hier oben konnte sie, als der Nebel abgezogen war, bis zu den Alpen sehen. Was für ein wunderschönes Panorama! Damit hatte sie nicht gerechnet. Egal wohin man blickte Wälder, Wiesen und Felder, einfach atemberaubend. Grün in allen Nuancen und Facetten – Natur pur! Als sie dann noch einen Bussard am Himmel kreisen sah, konnte sie ihr Glück kaum fassen. Einen Bussard hatte sie zuletzt in Kindertagen gesehen. Der Bussard flog direkt auf Caya zu und landete dann oben auf der Fahnenstange! Mit ihren großen grünen Kulleraugen schaute Caya zu dem majestätischen Vogel hinauf und erblickte Ulm. Dieser stieg vom Rücken des Vogels und der Bussard streckte seine breiten kräftigen Flügel aus und ließ sich vom Wind fort treiben. Ulm flatterte hinunter zu Caya. „Und?" fragte Ulm, „ist es nicht herrlich hier oben?" Caya nickte und fragte nach dem Treffen der *Schwälbler*. Ulm berichtete kurz, dass sie beschlossen hatten die Vögel der Schwäbischen Alb um Hilfe zu bitten, damit die Verteilung der Pollen ein bisschen schneller voran ging. Glücklicherweise gibt es ja genügend Vögel auf der Schwäbischen Alb.

Caya hatte auf ihrem Weg einen Buntspecht im Wald gehört, Spatzen traf sie fast täglich in ihrer Umgebung und in ihren Garten kamen jeden Tag mehrere Meisen und Amseln. Ulm ergänzte die lange Liste der hiesigen Vogelarten noch um Eichelhäher und Finken und beide schlossen ihre Augen um den Ruf des Bussards besser zu hören. „Wir haben den Reiher und den Storch vergessen", meinte Ulm und beide waren sich einig, dass die Schwäbische Alb mit ihren Wäldern und Streuobstwiesen ein wahres Vogelparadies sei! Sie saßen noch eine ganze Weile oben auf dem Aussichtsturm und unterhielten sich über die Schönheit der Alb und über die vielen Schlösser und Burgen, die schon Grafen, Kaiser und Könige magisch angezogen hatten. Auch Caya war bereits auf Burg Hohenzollern zu Besuch gewesen und schwärmte von den prunkvollen Schauräumen mit kunsthistorisch bedeutsamen Objekten und der Schatzkammer mit geschichtlichen Erinnerungsstücken. Natürlich durfte in den Schwärmereien über Burgen auch Schloss Sigmaringen mit seinen kostbaren Gemälden und der bekannten Waffensammlung nicht fehlen. Ulm erzählte, dass in der Nähe der alten Burgruinen auch oft *Schwälbler* zu sehen wären. Und Burgruinen, alte Mauern mit Erkern und Türmchen, sowie uralte Festungsmauern gab es ja massenhaft in der Umgebung, schließlich gilt die Schwäbische Alb als burgen- und schlösserreichste Landschaft Deutschlands. „Hier hatten ja gleich zwei Kaisergeschlechter gelebt, die Stauffer und die Hohenzoller", ergänzte Ulm stolz. Unten angekommen schlug Caya gegen einen Stein und schrie vor Schmerz auf. Aber anstatt sich um Caya zu kümmern, schaute sich Ulm den Stein näher an. „Schau nur, wie schön", rief Ulm begeistert. Doch Caya wimmerte und hielt sich den Fuß und konnte sich nicht dafür begeistern. Erst als Ulm den Stein ein wenig auseinander brach und ihr eine kleine Schnecke im Stein zeigte, vergaß Caya den Schmerz und nahm den Stein in die Hand. Und tatsächlich, der Stein hatte ein Fossil in seinem Inneren. Nun war auch Caya interessiert. „Ein Schatz in vielen Steinchen wohnt, als wenn die Natur uns Puzzle-Teile hinterlassen hätte, damit wir Menschen die alten Geschichten niemals vergessen". Ulm kam gleich ins Schwärmen und erzählte von dem riesigen Meer, welches sein UrUrUrUrUrgroßvater noch höchstpersönlich hier gesehen hatte. Seinen Erzählungen nach war hier vor vielen Millionen Jahren ein Meer, um genau zu sein, das Jurameer. Delphinähnliche Ichthyosaurier, Knochenfische, Haie und sogar Quastenflosser schwammen vor seiner Nase herum. „Und genau aus dieser Zeit könnte auch das Fossil aus dem Stein stammen", ergänzte Caya, denn sie war vor Jahren einmal an einem Klopfplatz in Dotternhausen gewesen und hatte dort mit Hammer und Meißel Ammoniten freigelegt. Sie steckte es in die Tasche. „Du siehst, hier wimmelt es nur von Zeugen aus der alten Zeit", fügte Ulm hinzu, „Geheimnisse von Jahrmillionen Jahren, direkt vor unserer Nase". „Nach oben hin lauter Vulkane, Kuppen, Felsen und Klippen und nach unten hin ist das Ländle gelöchert wie ein Schweizer Käse", lachte Caya. „Zweitausenfünfhundert Höhlen durchziehen das Land", wusste Ulm. Die beiden stritten darüber ob die Blautopfhöhle oder die Laichinger Tiefenhöhle die schönere Höhle sei. „Jedenfalls gibt es nirgendwo so viele und so wunderschöne Höhlen wie hier, waren sich die beiden einig.

Es war dunkel geworden und so traten die zwei den Rückmarsch an. Plötzlich flatterten lauter kleine Fledermäuse um sie herum. Ganz erschrocken lief Caya aus dem Schwarm heraus, aber Ulm lachte nur, denn er kannte die winzigen Tierchen nur zu gut. Er ging gelassen weiter und so tat es Caya ihm gleich.

Im Mondschein lagen die entfernten Berge eindrucksvoll vor ihnen. Märchenhaft und fast schon filmreif präsentierte sich die hügelige Landschaft. Ulm konnte sich gar nicht sattsehen. Endlich waren sie dann zu Hause angekommen, aber ihre gemeinsame Entdeckungstour sollte noch lange nicht enden, für den kommenden Tag planten sie einen Ausflug zur „Perle der Schwäbischen Alb".

Strahlender Sonnenschein und angenehme Temperaturen begleiteten die zwei Abenteuerlustigen an diesem Tag. Zum Glück, denn Caya und Ulm wollten mit dem Kanu die Lauter hinunterfahren. Da saßen sie nun also in ihrem Kanu und paddelten gemütlich den Fluss entlang. Das Ufer hatte einiges zu bieten und auch im Wasser konnten sie eine Vielzahl von Fischen entdecken, sogar eine Libelle begleitete sie eine ganze Weile. Ulm schloss die Augen und schwärmte: „Hör nur die ganzen Vögel, wie sie am Ufer zwitschern". Und tatsächlich, man konnte die Schönheit der Natur nicht nur sehen, man konnte sie auch hören! Ein Frosch quakte am Rand, das Plätschern einer Forelle war zu hören, als diese wieder ins Wasser sprang, an einem nahegelegenen Baum klopfte ein Specht an einem Baum und die Vögel zwitscherten um die Wette. Dazu das sanfte Plätschern des Flusses - ein Paradies! Sie fuhren an herrlichen Wiesen vorbei, auch Burgen und Felsruinen waren zu sehen. Die zwei waren so begeistert von der Aussicht, dass sie fast den kleinen Wasserfall übersehen hatten. Die Fahrt nahm an Geschwindigkeit zu und mit einem Mal waren sie mitten in den Stromschnellen. Vor ihnen hörten sie ein paar Kinder juchzen und lachen, so schlimm konnte es also nicht werden. Und so war es dann auch, das Kanu fuhr zügig den Wasserfall hinunter, das Gefährt wackelte ein wenig, Wasser spritze in das Innere und schon war es vorbei. Welch' willkommene Abkühlung! Am Ende ihrer Kanutour legten sie sich zufrieden in das hohe Gras am Ufer und schauten den Wolken bei ihrer Reise zu und genossen die Ruhe. Um sie herum flatterten drei Wiesenvögelchen und einer setzte sich direkt auf Cayas Nase. Es kitzelte sie und sie musste niesen. Da lachte auch Ulm und freute sich darüber, dass ein paar seiner sehr weit entfernten Verwandten so heiter um sie herum flatterten. Schmetterlinge fand Caya besonders schön und so ließ sie sich gern von Ulm die unterschiedlichen Schmetterlingsarten der Schwäbischen Alb erklären. Sie staunte nicht schlecht, als sie hörte, wie viele verschiedene Schmetterlinge es auf der Alb gibt. Besonders angetan war sie von dem Schwalbenschwänzchen, der fast wie ein Kolibri in der Luft schwirrte und aussah wie ein winziges Vögelchen mit einem langen Rüssel. Caya hätte noch stundenlang mit Ulm im Gras liegen können und sich über die herrliche Natur der Schwäbischen Alb unterhalten können, doch leider mussten sie den Rückweg antreten, es war mal wieder spät geworden und sie wollten auf dem Rückweg noch einen kurzen Abstecher zum ehemaligen Truppenübungsplatz bei Münsingen machen um sich dort die riesige Schafherde anzuschauen, denn auch das ist ein unverwechselbares Markenzeichen der Schwäbischen Alb! Bis zu dreißigtausend Schafe werden hier auf die umliegenden Sommerwiesen getrieben, was für ein seltener Anblick! So viele Schafe auf einen Haufen! Ein „Geblöke" und „Gemääe" von dreißigtausend Schafen, das muss man einfach mal gehört und gesehen haben! Leider war das auch ihr letzter geplanter Ausflug, denn Ulm musste ja den Bienen helfen den Blütenstaub zu verteilen. Seine Freunde Fienle und Jockel warteten sicher schon auf Ulm. Doch da sich Caya und Ulm so gut verstanden und es noch so viel zu entdecken gab, wollten sie sich mindestens einmal im Jahr treffen um weitere

Sehenswürdigkeiten der Schwäbischen Alb zu erkunden. Und damit sie den Termin auch ja nicht vergessen würden, legten sie ihr Treffen auf den zweiundzwanzigsten Juli, denn da war der offizielle Tag der *Schwälbler*, an diesem Tag hatte vor vielen, vielen Jahren eine junges Mädchen den allerersten *Schwälbler* in der Nähe der Achalm entdeckt. Und so kam es dann auch. Viele Jahre trafen sie sich am „Tag der Schwälbler" und erkundeten gemeinsam die Gegend. Als erstes nahmen sie sich die unzähligen Höhlen der Alb vor, aber das ist eine ganz andere Geschichte.....

Ganz weit oben
in den Kronen,
auf der Achalm oben wohnen
ein paar wundersame Wesen,
nur ein paar, fast handverlesen.
Winzig klein, nur daumengroß,
schlafen sie auf weichem Moos.
Ihre Körper fein und zart,
eher von der Elfen-Art.
Verwandt mit Schmetterling und Fee,
verweilen sie im grünen Klee.
Das Kleid aus feinstem Blütensamt,
wunderschön und sehr charmant.
Und die Stimme rein und klar,
grillenähnlich fast sogar.
Freundlich, hilfsbereit, galant,
„Schwälbler" werden sie genannt.
Und es wohnen eben diese
auf der schönen Achalm-Wiese.

Yasmin Mai-Schoger

Buchempfehlung

Der Hausberg

Yasmin Mai-Schoger

Gedichte und Geschichten rund um die Achalm
inkl. dem Achalm-Märchen

„Der Hirte und die Schafstrauben"

ISBN: 9 783732289814
erschienen im BoD-Verlag